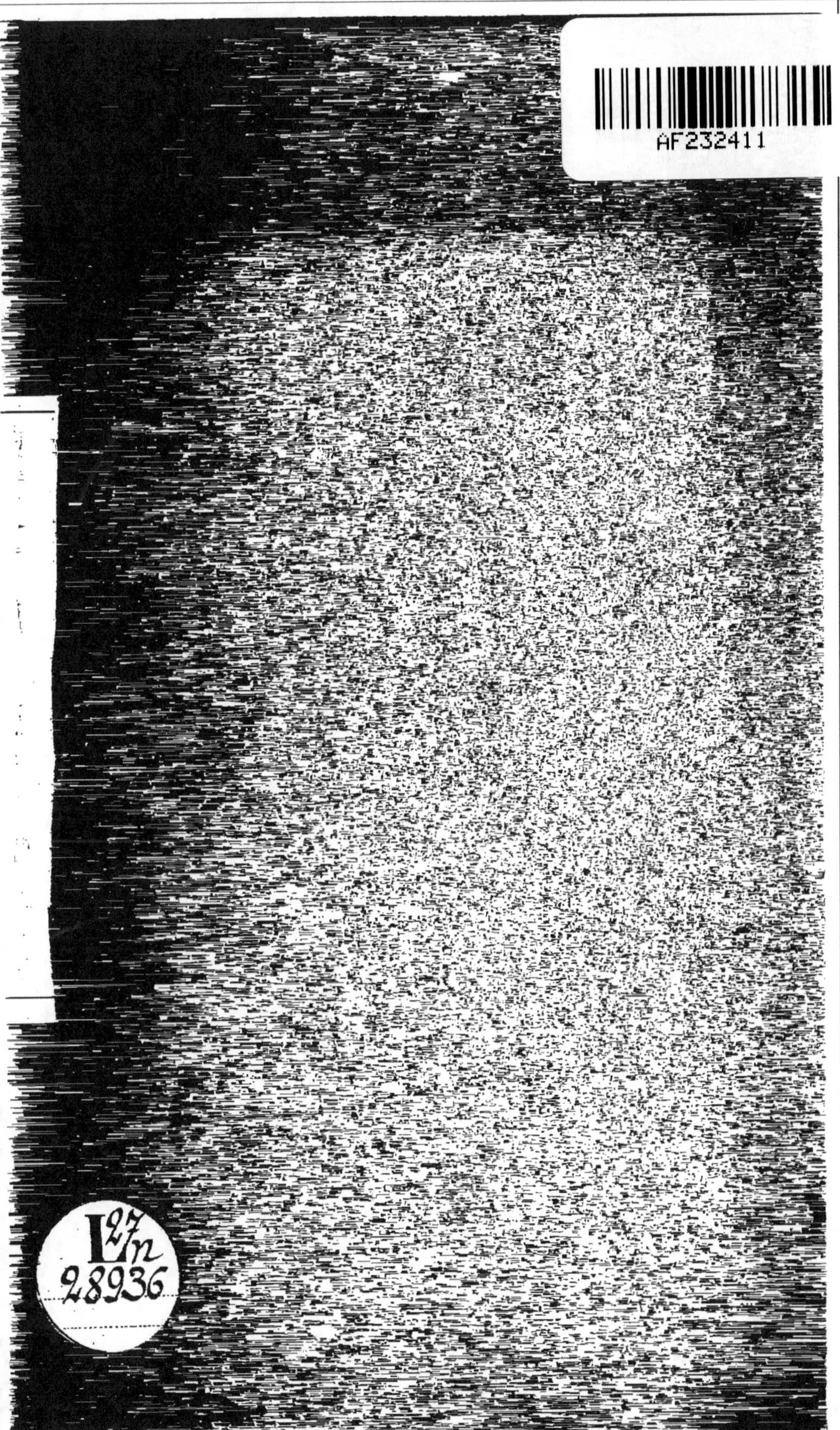
AF232411

OBSÈQUES

DE

M. ALFRED DEFOURNAUX

DÉCÉDÉ LE 30 NOVEMBRE 1875

PROCÈS-VERBAUX

DES ASSEMBLÉES GÉNÉRALES EXTRAORDINAIRES

DE LA

SOCIÉTÉ DE PRÉVOYANCE ET DE SECOURS MUTUELS

DES OUVRIERS ET EMPLOYÉS DE LA MAISON LECLAIRE

ET DES

OUVRIERS ET EMPLOYÉS

MEMBRES DU NOYAU DE LA MAISON

QUI ONT EU LIEU

LE DIMANCHE 19 DÉCEMBRE 1875.

PARIS

IMPRIMERIE DE MADAME VEUVE BOUCHARD-HUZARD

RUE DE L'ÉPERON, 5.

1876

OBSÈQUES

DE

M. ALFRED DEFOURNAUX

DÉCÉDÉ LE 30 NOVEMBRE 1875

PROCÈS-VERBAUX

DES ASSEMBLÉES GÉNÉRALES EXTRAORDINAIRES

DE LA

SOCIÉTÉ DE PRÉVOYANCE ET DE SECOURS MUTUELS

DES OUVRIERS ET EMPLOYÉS DE LA MAISON LECLAIRE

ET DES

OUVRIERS ET EMPLOYÉS

MEMBRES DU NOYAU DE LA MAISON

QUI ONT EU LIEU

LE DIMANCHE 19 DÉCEMBRE 1875.

PARIS

IMPRIMERIE DE MADAME VEUVE BOUCHARD-HUZARD

RUE DE L'ÉPERON, 5.

1876

OBSÈQUES

DE

M. ALFRED DEFOURNAUX.

Le 30 novembre 1875, la Société de prévoyance et de secours mutuels des ouvriers et employés de la maison Leclaire a eu le malheur de perdre son premier vice-président, M. Alfred Defournaux, frappé subitement, pendant son sommeil, d'une apoplexie foudroyante. Il était âgé de cinquante-deux ans.

Ses obsèques ont eu lieu, le jeudi 2 décembre, à onze heures du matin, à l'église de Sainte-Marie des Batignolles.

Les cordons du poêle étaient tenus par M. Lefuel, architecte, membre de l'Institut, et par MM. Charles Robert, président de la Société, Froment, deuxième vice-président, Marquot, secrétaire, et Verdin père, trésorier-adjoint, qui représentaient le bureau de la Société.

Le deuil était conduit par MM. Théophile et Jules Defournaux, frères du défunt.

On remarquait, parmi les assistants, MM. Adolphe d'Eichthal, président de la Compagnie des chemins de fer du Midi et de la Compagnie d'assurances *l'Union* ; Legentil, Fourdinois ; MM. Dubois, Le Bègue, de la Chardonnière, architectes ; M. Dilhac, avocat ; M. de Thiac ; MM. de Badiola, Petit, Brouty, Baux, Vincent, Nitot, Sauffroy, Vaillant, Basly, architectes ; Renaud, architecte en chef du chemin de fer d'Orléans ; Chatelain, notaire.

Les membres de la Société, au nom desquels une couronne a été déposée sur le cercueil, et les ouvriers de la maison se pressaient en foule dans l'Église pour rendre les derniers devoirs à leur chef regretté ; ils se sont formés en cortége pour suivre le convoi au cimetière du Père-Lachaise, où M. Alfred Defournaux a été inhumé dans une sépulture de famille.

M. Charles Robert, président de la Société, a pris la parole sur la tombe et a prononcé le discours suivant :

« Au nom de la Société de prévoyance des ouvriers et employés de la maison Leclaire, je viens dire à notre chef, à notre collègue, à notre ami Alfred Defournaux un suprême adieu.

« Il a disparu tout à coup, frappé d'apoplexie foudroyante. La veille encore, il était au travail avec ses collaborateurs, en pleine activité de corps et d'esprit, et le soir, au foyer domestique près de sa sœur, il jouissait, après une journée bien remplie, de quelques instants de repos. Il s'est endormi en paix, hélas ! pour ne plus se réveiller, et au lever du jour, quand l'affreuse vérité apparut, on ne voulait pas, on ne pouvait point y croire !

« Telles sont cependant les terribles atteintes de la mort.

« Elle nous frappe à coups redoublés.

« Il y a trois ans, nous perdions M. Leclaire.

« Aujourd'hui, son associé, son premier successeur, son élève et son disciple nous est enlevé.

« Notre douleur est profonde. C'est une perte cruelle, c'est un grand malheur !

« La maison Leclaire voit tomber, dans la force de l'âge, l'administrateur habile et laborieux, l'homme actif et expérimenté qui, après la retraite de M. Leclaire, a su maintenir et développer la prospérité de la maison ; qui, dans ses rapports avec ses collaborateurs et avec les clients, savait parler et agir de la manière la plus utile à l'intérêt de tous. Comme Leclaire, Defournaux est fils de ses œuvres. Il devait à sa persévérance, à son travail incessant, la position importante à laquelle il était parvenu. Entré à la maison à l'âge de douze ans, vers 1835, il y compte quarante années de service !

« D'abord apprenti colleur dans l'atelier de son père, aujourd'hui octogénaire, auquel il était réservé de voir son fils étendu sur un lit funèbre ; admis ensuite dans les bureaux en qualité de métreur, puis de commis, il est devenu employé supérieur, associé de M. Leclaire, vers l'an 1853 ; depuis 1863, il dirigeait seul la maison, et déployait, dans cette tâche difficile, une force de caractère et d'esprit auxquels tout le monde rend hommage. Il ne reculait devant aucune fatigue, malgré le poids de la responsabilité matérielle et morale qui pesait sur lui, malgré les prières de M. Leclaire, qui lui recommandait sans cesse, verbalement et par lettres, de ménager ses forces, de prendre soin de sa santé. Le sentiment du devoir, le désir de ne rien négliger, de tout contrôler, de n'oublier aucun détail, l'emportaient sur les conseils de la prudence.

« A ses préoccupations de chef de maison se joignaient pour lui celles de vice-président de notre Société, privée maintenant du collègue dévoué qui prenait part, avec tant de zèle, à tous ses travaux, à toutes ses délibérations.

« Depuis vingt et un ans, soit comme trésorier, soit comme vice-président, M. Alfred Defournaux n'a cessé de s'occuper de la Société, dont les destinées sont si intimement liées à celles de la Maison. Je rappelais, il y a peu de temps, que M. Leclaire vous disait en 1864 :

« Si vous voulez que je parte de ce monde le cœur content, il faut que vous ayez réalisé le rêve de toute ma vie : il faut que, après une conduite régulière et un travail assidu, un ouvrier et sa femme puissent, dans leur vieillesse, avoir de quoi vivre tranquilles, sans être à charge à personne. »

« Il a été donné à M. Defournaux d'assister à la réalisation de ce rêve de M. Leclaire, devenu pour lui-même le but d'une continuelle sollicitude. C'est M. Defournaux qui, le 24 octobre dernier, a pu proposer de porter à 1,000 francs le chiffre des pensions de la Société (1), et tous savent que ce résultat est dû, pour une grande part, à son administration intelligente, à sa bonne gestion des affaires de la maison.

« La médaille d'argent des Sociétés de secours mutuels venait de lui être décernée par le Ministre de l'Intérieur, au nom du Président de la République.

« C'est hier que cette médaille a été remise à sa sœur, comme un dernier hommage à sa mémoire, comme une couronne déposée sur son tombeau.

« La mort d'Alfred Defournaux est une perte aussi pour la cause et les principes que représentait M. Leclaire, car Defournaux a été le continuateur de l'œuvre de M. Leclaire, le confident de ses pensées, de ses projets, de ses vues d'avenir. Defournaux s'y est associé de la manière la plus loyale et la plus complète.

« Lorsque M. Leclaire s'est retiré à dessein pour que la maison marchât sans lui, et lorsque la maladie l'a forcé de

---

(1) A la date du 8 octobre 1875, le chiffre de l'actif de la Société de prévoyance s'élevait à 825,597 francs 45 centimes.

s'abstenir de tout travail fatigant, il avait en Defournaux un fidèle interprète de ses intentions et de ses vœux.

« Par son concours dévoué, Defournaux a contribué à rendre possible et féconde la grande création de M. Leclaire, et, dans le souvenir de chacun d'entre nous, ces deux noms, celui du disciple et celui du maître, resteront unis.

« Les collaborateurs d'Alfred Defournaux, employés et ouvriers, auraient voulu, dans une fête solennelle, lui exprimer leurs sentiments à l'occasion de la fixation de la pension à 1,000 francs, et nous voilà subitement, hélas ! en présence de sa tombe ouverte.

« Les saintes Ecritures disent, en parlant des morts qui ont bien vécu, qu'ils se reposent de leurs fatigues, et que leurs œuvres les suivent. Il se repose, lui aussi, de ses fatigues, et son œuvre le suivra. N'oublions jamais que le principe de l'association de l'ouvrier aux bénéfices de l'entreprise a trouvé en lui, au point de vue pratique, un de ses plus utiles soutiens. Son œuvre à lui, c'est le développement croissant de la prospérité de la maison, qui a survécu à Leclaire, qui survivra à Defournaux. Cette œuvre-là couvrira d'honneur sa mémoire et fera bénir son nom !

« Alfred Defournaux, adieu ! »

Au revoir ! s'écrie un des assistants.

M. Bla, ouvrier de la maison, a pris ensuite spontanément la parole. Il a parlé de la vie laborieuse de M. Defournaux, de ses travaux incessants, de ses veilles souvent prolongées bien avant dans la nuit.

Il a dit que le devoir de tous est maintenant de marcher plus unis que jamais et d'éviter tout désaccord et toute division. Il a, en termes solennels, juré d'agir d'après ces principes, qui ont toujours été jusqu'ici ceux du personnel de la maison Leclaire; ils seront, comme toujours, sa règle dans l'avenir ; ils sont, d'ailleurs, écrits dans le cœur de tous.

La cérémonie funèbre s'est terminée à trois heures. Profondément émus, les assistants se sont retirés en s'entretenant des destinées de la maison Leclaire, des conséquences de l'épreuve qu'elle subit, ainsi que des mesures à prendre et de la conduite à tenir pour lui conserver sa bonne renommée, sa haute position industrielle et les sympathies si précieuses qui lui sont acquises.

PROCÈS-VERBAUX

DES ASSEMBLÉES GÉNÉRALES EXTRAORDINAIRES TENUES LE
DIMANCHE, 19 DÉCEMBRE 1875, RUE CARDINET, 117, PAR
LA SOCIÉTÉ DE PRÉVOYANCE ET DE SECOURS MUTUELS
DES OUVRIERS ET EMPLOYÉS DE LA MAISON LECLAIRE ET
PAR LES OUVRIERS ET EMPLOYÉS MEMBRES DU NOYAU.

I

*Première séance de l'assemblée générale de la Société
de prévoyance.*

Présidence de M. Charles Robert.

La séance a été ouverte à 9 heures un quart du matin.
Après l'appel nominal, M. le Président a pris la parole
en ces termes :

« Messieurs et chers Confrères,

« Le siége du premier vice-président, où prenait place, il
y a si peu de temps, Alfred Defournaux, est vide à présent,
et nous nous assemblons, sous l'impression d'un profond
chagrin, dans cette salle où nous avons si souvent entendu
sa voix et écouté ses conseils.

« Nous avons tous témoigné aux membres de la famille
Defournaux les sentiments avec lesquels nous avons res-
senti, d'un même cœur, le coup qui les a frappés ; mais je

propose à l'Assemblée générale de prendre une délibération solennelle pour charger son Bureau d'écrire en son nom à Mademoiselle Defournaux, sœur de notre regretté vice-Président, une lettre de condoléance (1). (*Marques unanimes d'approbation.*)

« Me faisant l'interprète des vœux exprimés par plusieurs membres de la Société, je propose à l'Assemblée de voter le crédit nécessaire pour que deux portraits de M. Defournaux soient placés, l'un dans les bureaux de la maison, l'autre dans la salle de nos Assemblées générales. (*Approbation unanime.*) »

Un membre demande qu'un exemplaire de la photo-

---

(1) Cette lettre est ainsi conçue :

A Mademoiselle Defournaux, 1, rue Boursault.

Paris, 19 décembre 1875.

MADEMOISELLE,

Au nom de l'Assemblée générale de la *Société de prévoyance et de secours mutuels des ouvriers et employés de la maison Leclaire*, réunie extraordinairement aujourd'hui, 19 décembre, le Bureau de la Société vient vous exprimer les sentiments de profonde douleur avec lesquels tous les membres de la Société et de la maison s'associent au deuil de la sœur, des frères et du père de notre premier vice-Président, de notre chef regretté, dont le souvenir ne s'effacera jamais de nos cœurs! Il appartient à la grande famille ouvrière, dont Alfred Defournaux a, depuis tant d'années, dirigé les travaux et accru la prospérité, d'offrir particulièrement à sa sœur, à celle qui partageait son foyer, l'hommage de nos respectueuses condoléances et le tribut de notre gratitude pour la mémoire de l'ami que nous pleurons.

Veuillez agréer, Mademoiselle, l'assurance de nos sentiments les plus respectueux.

Signé : CHARLES ROBERT, FROMENT, REDOULY, MARQUOT, VERDIN, VALMÉ, VINCENT.

graphie ou de tout autre portrait de M. Defournaux soit remis, en souvenir de lui, à chaque membre de la Société,

Cette proposition est adoptée.

M. le Président continue en ces termes :

« Aux hommages que nous rendons tous à la mémoire d'Alfred Defournaux s'ajoutent les regrets et les éloges des clients de la maison, desquels son chef honoré recevait fréquemment des preuves de sympathie. Parmi beaucoup de lettres adressées à sa famille, en voici une que m'a remise, à l'ouverture de la séance, M. Théophile Defournaux. Elle émane d'une cliente, Mme Goubie, 64, rue Saint-Lazare, qui écrivait de Chatou à M. Alfred Defournaux, le 9 décembre, une lettre d'affaires interrompue par la nouvelle de sa mort, et qu'elle envoie inachevée à son frère Théophile :

« J'apprends, écrit Mme Goubie, le grand malheur qui a
« frappé si inopinément votre maison, votre famille, et
« cette autre immense famille d'ouvriers, dans la personne
« de son chef honoré, aimé, respecté, estimé !!! C'est, pour
« tous, une perte irréparable, et, pendant de longues
« années, il manquera à ces travailleurs, dont il avait fait
« ses enfants ! Pour ma part, je regrette de tout cœur, en
« votre frère, ce que chacun pouvait apprécier, sa haute
« intelligence, son courage, sa bonté, sa patience, sa
« sagesse ! et, bien que nous nous soyons peu vus, j'avais
« su le juger à sa juste valeur ! Je me joins donc du fond
« de l'âme à vos regrets et à votre douleur ! »

« Au moment même où nous sentons si vivement la perte que nous venons de faire et où nous voyons nos regrets ainsi partagés par les clients de la maison, nous devons songer aussi aux devoirs que cette perte nous impose. M. Leclaire, tout en connaissant bien la valeur du chef qui lui succédait, voulait que l'existence de la maison ne fût pas liée à celle d'un homme, et qu'elle fût garantie, au contraire, par des règles fondamentales, par des statuts sociaux destinés à empêcher toute secousse fatale, toute incertitude funeste. C'est là un des plus grands côtés de l'œuvre de **M.** Leclaire.

« Il voulait montrer, par un exemple éclatant, irrécusable, que le régime de la participation aux bénéfices est une des meilleures conditions industrielles du travail humain. Il voulait prouver la puissance et la fécondité de ce système, la manière dont il stimule les courages et les volontés ; il voulait organiser de plus, dans la maison, la hiérarchie des fonctions et des positions, de telle sorte que l'ouvrier pût devenir employé et que la direction pût se recruter dans le personnel des bureaux ; mais, pour atteindre un tel but, il fallait assurer l'avenir. M. Leclaire n'y a pas manqué.

» Il a réglé avec une sollicitude extrême la transmission du pouvoir ; dans ses entretiens, il revenait sans cesse sur ce sujet si important; il voulait mettre la Maison et la Société, qui a un si grand intérêt à la prospérité de la Maison, à l'abri de tout hasard. L'acte social du 6 janvier 1869, l'acte modificatif du 6 septembre 1872 y ont pourvu sagement. **M.** Defournaux n'est plus, mais son successeur, **M.** Redouly, associé en nom collectif, désigné d'avance et légalement responsable, le remplace déjà en vertu de l'acte social. Quant au nouvel associé, il va être choisi, élu souverainement tout à l'heure, conformément au même acte, par l'Assemblée générale des membres du noyau.

« Ah ! Messieurs, la maison Leclaire est cruellement éprouvée, sans doute, mais il nous est permis, cependant, d'espérer beaucoup et de regarder l'avenir avec calme, avec pleine confiance. Les destinées de la Maison et de la Société sont en bonnes mains : elles dépendent de vous ! »

La séance est levée.

II

Séance de l'assemblée générale des membres du Noyau.

Présidence de M. Redouly.

Aux côtés de M. Redouly ont pris place au bureau MM. Ledru, Pedezert, Dupont, Janti, Bouilly, Keul, Vincent, membres élus du Comité de conciliation.

Étaient aussi présents : MM. Aubert (Ed.), Breton, Bourreau, Bonnaventure, Brutus, Bouet, Béquet, Bobot, Clément, Carnevillier, Cheyssial, Colla, Carbonnier, Capelle, Deslandes, Didier, Deparis, Desrues, Dogimont, Etard, Froment, Ganne, Guénin, Giboulot jeune, Gillet, Gaultier, Gouley, Gelé, Hamono, Jousseaume, Ladermann, Lelarge père, Lemoine, Landau, Le Leyter, Lacombe, Langrand, Liogier, Lée, Levallois, Lamant, Lelarge fils, Montaubry, Millet, Morin, Merrien, Marty, Marie, Macé, Morville, Pichard, Ponserry, Pechiney, Perot, Quentin, Reimbold, Raunet, Rémond, Senaux, Sibileau, Sicard, Sébastien, Timmermans, Tirard, Toussenel, Thomas, Tarrobe, Vazeilles, Venant, Toffier, Compain, Hardouin, Marguet, Pautonnier, Cazeneuve, Defournaux (Th.), Baudlet, Beudin, Valmé, Beauchesne, Leblanc, Erard, Varin, Cigogne, Laroche, Verdin fils, Pierson.

Après avoir déclaré la séance ouverte, M. Redouly annonce que l'Assemblée générale a été convoquée en vertu des articles 18 et 20 de l'acte social et de l'article 17 du Règlement, pour procéder au remplacement de M. Defournaux, décédé, nomination qui doit avoir lieu dans les deux mois qui suivent le décès, et que le Comité de conciliation a été convoqué comme étant l'élu et le représentant du noyau, pour donner son avis et faire une proposition à l'Assemblée.

La parole est donnée à M. Vincent, Secrétaire du Comité de conciliation, pour la lecture du procès-verbal de ce Comité. Ce procès-verbal constate que, conformément à l'article 76 du Règlement, le Comité s'est réuni, sur convocation spéciale, en séance extraordinaire, le vendredi 17 décembre 1875, à six heures un quart du soir, et que le Comité, considérant que pour remplir les délicates fonctions et la charge importante d'Associé-Gérant de la maison il faut un homme qui soit administrateur, qui puisse apporter un concours efficace à M. Redouly dans la direction de cette grosse affaire, de laquelle dépendent tous les intérêts les plus chers de la maison, a reconnu, à l'unanimité, qu'il n'y a actuellement à la maison qu'une seule personne bien préparée à remplir ces fonctions ; cette personne est M. Marquot, aujourd'hui Secrétaire général et premier employé de la maison. Le Comité de conciliation ajoute que ce choix serait celui qu'auraient fait certainement les regrettés fondateurs MM. Leclaire et Defournaux, et que, hiérarchiquement parlant et en raison des fonctions que remplissait M. Marquot, c'est à lui, d'ailleurs, que revient cette place.

En conséquence, le Comité propose à l'approbation de l'Assemblée M. Marquot comme second associé en nom collectif, en remplacement de M. Defournaux.

Après cette lecture, M. Redouly demande si quelqu'un a des observations à faire. Personne ne demandant la parole, il est passé au vote sur les conclusions du Comité de conciliation , qui sont adoptées à l'unanimité moins une voix.

En conséquence, M. Marquot est nommé, en remplacement de M. Defournaux, associé en nom collectif de l'ancienne maison Leclaire et Defournaux , entreprise de peinture, dorure, tenture, vitrerie et miroiterie, qui continuera d'exister sous la raison sociale Redouly et Cie.

Après la proclamation du résultat du vote par M. Redouly, M. Marquot entre dans la salle et est accueilli par de chaleureux applaudissements.

Il remercie en ces termes l'Assemblée du noyau :

« Je vous remercie, Messieurs, de l'honneur que vous me faites, de la confiance dont vous m'honorez ; vous pouvez être assurés que je ferai tout ce qui dépendra de moi pour contribuer à mener à bonne fin cette grande œuvre, de laquelle dépend tout notre avenir, et je compte sur votre dévouement à tous pour nous aider dans la grande tâche que nous avons à remplir. »

III

Deuxième séance de l'Assemblée générale de la Société.

Présidence de M. Charles Robert.

Immédiatement après la clôture de l'Assemblée du noyau, l'Assemblée générale de la Société reprend sa séance pour procéder à diverses nominations, dont la nécessité résulte du décès de M. Defournaux et des dispositions de l'article 29 du règlement de la Société.

Il est procédé à ces nominations.

Sont élus et proclamés :

Premier vice-Président : M. Redouly, premier associé, en nom collectif, trésorier, en remplacement de M. A. Defournaux, décédé ;

Trésorier : M. Marquot, nouvel associé, secrétaire, en remplacement de M. Redouly ;

Secrétaire : M. Valmé, secrétaire adjoint, en remplacement de M. Marquot ;

Secrétaire adjoint : M. Jousseaume, ouvrier de la maison, membre de la Société, en remplacement de M. Valmé.

M. Froment, deuxième vice-président, ouvrier doreur, demande la parole et lit le discours suivant :

« Messieurs et chers Collègues,

« Permettez-moi de prendre la parole et de vous dire en quelques mots les impressions que je ressens en ce jour, devant le malheur qui vient de nous frapper, et après la nomination d'un nouveau chef de notre administration.

« Aujourd'hui 19 décembre, journée mémorable, nous venons d'accomplir un des actes solennels du règlement de la maison.

« Nous venons de nommer, d'après l'article 8 de l'acte de Société passé par-devant notaire, de nommer, par un vote sérieux, un nouvel associé responsable, un deuxième gérant, représentant des intérêts de tous, dans l'œuvre majestueuse qui doit survivre à jamais, à nos chers et regrettés patrons fondateurs, défunts, M. Leclaire, M. Alfred Defournaux.

« Hélas! Messieurs! je ne puis nommer ici ces deux noms, ensemble réunis, qui, pour nous, n'en faisaient qu'un seul, depuis bien longtemps déjà, sans éprouver au cœur un profond sentiment de tristesse, prévoyant que ces noms vont bientôt disparaître l'un et l'autre de la signature sociale de la maison comme il en est textuellement décidé par l'article 4 de l'acte notarié.

« En 1869, le 16 mai, dans la splendide réunion générale que nous avons eue à la Sorbonne, devant plus de quinze cents personnes qui étaient venues de toutes parts prêter leur concours à la manifestation bienveillante du premier grand pas de l'association aux bénéfices du patron, la joie resplendissait sur tous les visages, des paroles encourageantes nous arrivaient de tous côtés, les sourires étaient rayonnants, on présageait un avenir couvert de lauriers et de fleurs.

« Nous avancions, encore enfants alors, sur cette voie de progrès de l'émancipation du travailleur, et nos bras, vers le fondateur, se levaient reconnaissants, dans l'enthousiasme du bonheur.

« Hélas ! qui pouvait penser que, quelques années plus tard, cette bannière de la Société, noble drapeau du travail, cacherait ses couleurs, ses attributs du travail manuel, sous les plis funèbres d'un deuil profond. Où sont-ils aujourd'hui les deux héros de notre gloire journalière ?

« Où est-il le fondateur de notre Société de secours mutuels, le chef de la corporation, notre maître à tous ?.....

« Et celui qui se tenait toujours à sa droite, son élève, son ami, son successeur, où est-il aussi ?

« Hélas !.... ils se sont éteints tous les deux à l'ombre de leurs œuvres.

« Hommage et gloire à vous deux, homme de génie, homme de progrès !

« Notre confiance dans l'avenir était grande alors, nous le jugions sans épreuves, sans calamités, nous marchions sur la route du progrès sans crainte, sans souci des lendemains. Nos heures aux travaux s'écoulaient dans le contentement de la vie, sans en prévoir les terribles destinées. Nos familles s'élevaient et prospéraient dans notre joie et dans notre espoir : deux généreux bienfaiteurs, à la tête d'une industrie, nous avaient associés aux bénéfices de leur grande entreprise. Leur œuvre grandissait et prospérait chaque jour de plus en plus ; notre confiance en eux était illimitée ; nous nous engagions de tout cœur dans cette voie nouvelle de la participation bienfaitrice qui nous était tracée par leur dévouement ; nous marchions à grands pas sur la route du progrès ; l'heure de la régénération était sonnée pour nous, affranchis du joug de misère. Qui de nous pouvait prétendre à plus sur la terre ? Nous vivions désormais heureux, travaillant avec cœur, avec reconnaissance.

« Nos beaux jours ne devaient pas rester longtemps sans nuages : car bientôt la mort jalouse plana sur nos têtes, le deuil par deux fois obscurcit notre soleil, et le sourire du bonheur fit place à des larmes amères.

« Ils sont morts tous deux. Oui, mais il faut que l'œuvre qu'ils ont créée leur survive à jamais. Vous savez quel était le but de tant de longs travaux, de tant de nuits sans sommeil ; souvent nous en avons été entretenus dans nos assemblées générales par le fondateur de la maison lui-même, qui voulait que son œuvre, son idole, continuât après lui. Le règlement de la maison le fait bien connaîtrc aussi. Tout y est tracé d'avance ; les phrases ont été combinées mot à mot, avec soin, afin qu'il n'y eût point de méprise. Il n'y a rien d'omis : IL FAUT QUE L'ŒUVRE SUBSISTE ! Telle est la dernière volonté que nous devons respecter. Il ne faut pas que le travail de toute une vie entière d'abnégation, de dévouement reste sans aucun fruit. Non, notre cœur s'y oppose. Nous nous sommes engagés formellement à suivre le règlement de la maison en tout point, religieusement, le jour où nous avons juré sa Constitution, en faisant et signant nous-même ce règlement, ce contrat, le 6 janvier 1869.

« Il faut donc que notre association continue comme par le passé, sur les mêmes bases, sans arrière-pensée, sans crainte aucune, avec pleine confiance.

« Les yeux sont fixés sur nous. Il y va non-seulement de notre intérêt, IL Y VA DE NOTRE HONNEUR.

« Il faut continuer ce qui a été si bien commencé, il faut suivre en tout point les règlements de la maison, qui ont été établis justement en vue des jours d'épreuves comme celui-ci ; il faut non-seulement pratiquer ce règlement, mais encore veiller à ce que les auxiliaires qui travaillent avec nous l'observent de même. Nous ne sommes plus des enfants qui se reposent sur le maître. Non, nous avons grandi, nous sommes devenus des hommes, il faut donc travailler en hommes.

« Nous venons de nommer un deuxième associé en nom collectif.

« En trois années, la direction générale a perdu ses deux premiers chefs. Aujourd'hui de nouveaux patrons sont devenus gérants responsables. La lourde tâche de leurs prédécesseurs retombe, dès ce jour, tout entière sur eux. Il faut donc que nous fassions tous nos efforts pour leur venir en aide, afin d'alléger le plus possible le fardeau si pesant d'une entreprise aussi grande, de les encourager par notre bonne conduite, par nos bonnes relations avec eux.

« *Courage, patience, persévérance toujours !* tel doit être notre mot de ralliement.

« A vous, Messieurs, aujourd'hui nos patrons, que nous reconnaissons dignes d'être à notre tête, à vous que le sort a favorisés, je viens dire, au nom de tous les ouvriers et employés de la maison Leclaire, Alfred Defournaux et comp., qui, à partir de ce moment, doivent fonctionner sous votre nom, sous vos ordres :

« Nous vous donnons toute notre confiance.

« A vous qui avez connu vos prédécesseurs, qui les avez admirés comme nous, qui les avez suivis pas à pas dans le cours de leurs pénibles travaux, nous offrons nos bras, notre intelligence. Nous vous assurons notre entier dévouement à la cause commune.

« En échange, nous savons que nous pouvons attendre de votre direction, de votre gérance, toute l'impartialité, la sagesse et la concorde sociale.

« Que toujours nous soyons unis par les liens du devoir, resserrés par l'amitié, par un dévouement réciproque fraternel.

« La main dans la main.

« Et, comme nous le dit si bien la sublime devise de la maison :

« AIMONS-NOUS,

« AIDONS-NOUS. »

De vifs applaudissements répondent à ce discours.
La séance est levée à dix heures et demie.

IMPRIMERIE DE Mᵐᵉ Vᵉ BOUCHARD-HUZARD, RUE DE L'ÉPERON, 5.

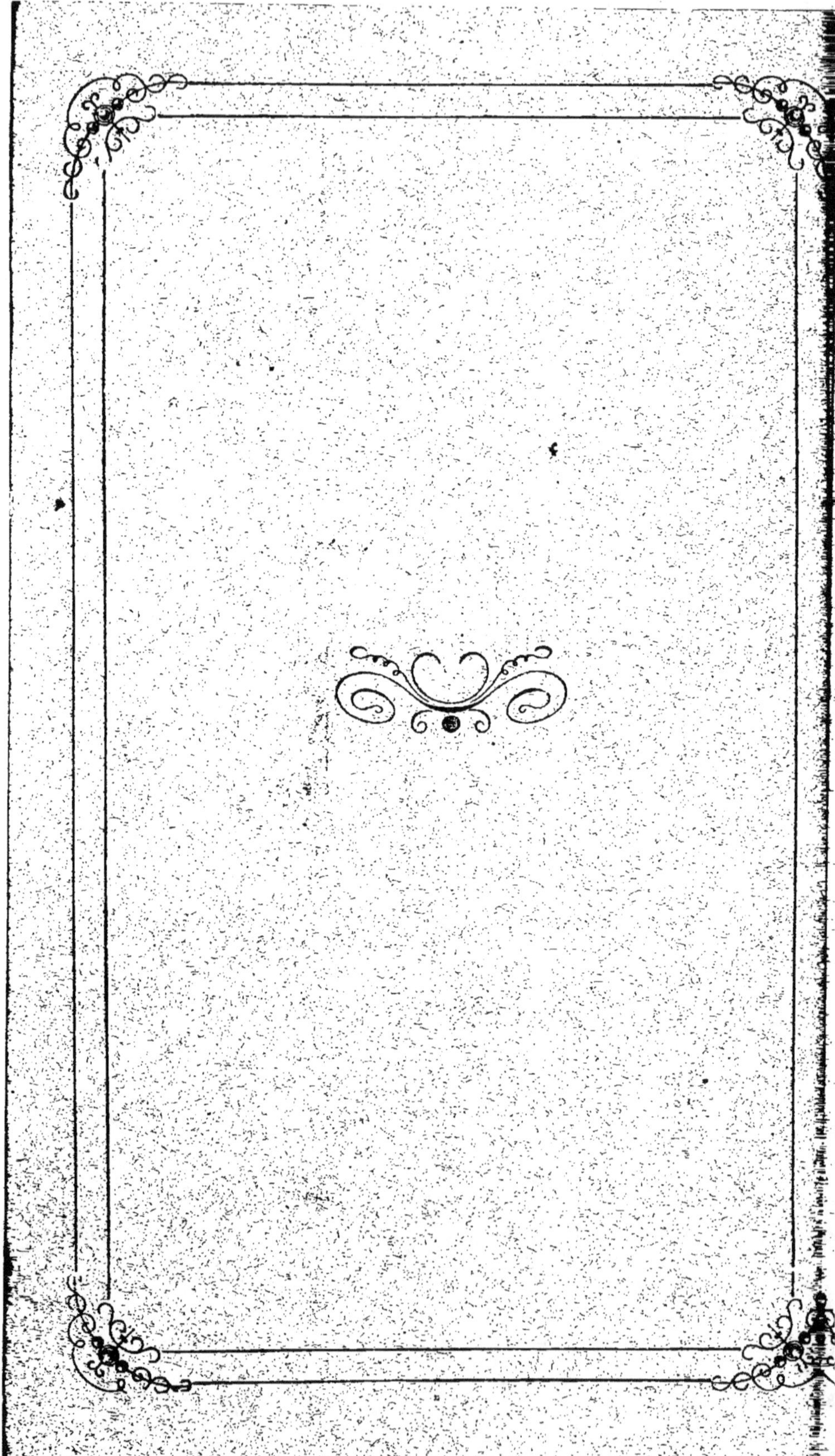